RICETTE NELLA MEDICINA CINESE

Sommario

RICETTE NELLA MEDICINA CINESE 1
INTRODUZIONE ALLA CUCINA CINESE...... 4
UTENSILI IN CUCINA 10
RAVIOLI CINESI... 19
O DUMPLING 19
BAOZI 29
ZUPPA BIANCA DI CEREALI...................... 34
WONTON ZUPPA... 36
ZUPPA BIANCA DI RISO CON VERDURA.. 41
BRODO CON LITCHI 43
SPAGHETTI DI RISO CON CARNE E VERDURE 46
ZUPPA DI LAMIAN CON BOK CHOY 50
UDON CON VERDURE................................ 52
POLLO KUNG PAO 54
MANZO CINESE IN ZUPPA E MANGIATUTTO... 58
MANZO CON BAMBÙ E FUNGHI................ 61
UOVA SALTATE.. 64

GAMBERI ALLA PIASTRA CON CIPOLLOTTI 67
MAIALE IN AGRODOLCE 71

INTRODUZIONE ALLA CUCINA CINESE

L'antica tradizione della medicina tradizionale cinese insegna al malato, (e secondo la tradizione non esiste la malattia, ma il malato), come curarsi, ma soprattutto come prevenire la malattia.

Non vuole essere questo un ricettario di comuni piatti da ristornate cinese da asporto, ma un piccolo compendio di suggerimenti con pietanze sane ed equilibrate, tradizionali e gustose, dove potrete trovare allegate anche molte indicazioni terapeutiche secondo la medicina tradizionale cinese, e anche alcuni cenni storici.

Il piatto nobile è quello che raccoglie i cinque colori, i cinque sapori, i cui ingredienti si sposano in armonia, e che anche all'apparenza sono tagliati, disposti e serviti rispettando le proporzioni e l'equilibrio.

Un piatto sano non è mai troppo leggero, né mai troppo pesante. Non è eccessivamente dolce o amaro, troppo piccante o acido.

Ma deve contenere nel suo insieme tutte le caratteristiche, senza che queste si accavallino fra loro o che una copra l'altra.

Resta il cibo, la prima vera medicina, un vero e proprio farmaco, il toccasana per eccellenza.

L'alimentazione è la prima cura, quella quotidiana, responsabile di molta della nostra naturale fisiologia e a cui dovremmo sempre prestare intelligente attenzione.

Se consideriamo le malattie più comuni, come quelle che riguardano la digestione o il metabolismo, obesità, gastrite, diabete, disturbi intestinali, per dirla secondo i canoni occidentali (poiché in medicina cinese i disturbi seguono altri paradigmi e vengono chiamati diversamente, come vedremo più avanti), o anche tutte le infiammazioni in genere, che possono andare dal semplice mal di schiena alle comuni tendiniti, per non parlare di malattie da freddo, come la nota influenza, conoscere il cibo, come cucinarlo e che uso farne, è di primaria importanza.

Esiste, perciò, un'alimentazione adatta per ogni stagione, per la propria età, per la propria attività che viene tutti i giorni svolta.

L'alimentazione del neonato non sarà quella dell'anziano, non sarà quella della donna in gravidanza, non sarà quella del patologico o della donna rispetto all'uomo.

L'alimentazione del neonato, ad esempio, dovrà essere indirizzata a tonificare lo yin, necessario alla crescita, rinfrescante, ma non troppo, per permettere al qi di muoversi e allo yang di agire.

Nell'anziano, il cibo non dovrà essere eccessivamente saporito, si predligono i sapori neutri, quelli che favoriscono il metabolismo e che preservano il jing, l'essenza, come alcune carni, il bamboo, I germogli, I semi.

Il dolce e il piccante sono indicati a primavera, favoriscono la fuoriuscita dello dello yang e si devono prevenire le stasi di fegato, organo molto sensibile in questa stagione. Ecco perché, ad esempio, i sapori acidi a primavera vanno consumati con moderazione.

In estate, momento dello yang al suo massimo, i sapori indicati sono l'acido e il dolce, come la frutta, che è anche umidificante e rinfrescante.

L'amaro d'autunno è perfetto, aiuta il cuore che tanto ha lavorato d'estate.

D'inverno, l'energia ritorna all'interno e in profondità. Ottimi sono I tuberi, le radici, il piccante, che aiuta rene e polmone.

La prevenzione è considerata una pratica di saggezza, l'essere, che sia già malato, per il ricovero dovrà ricorrere a più farmaci e a terapie più intense che vanno però ad indebolire l'organismo.

La conoscenza, dunque, degli ingredienti e della buona e sana cucina è fondamentale, e le tecniche di cottura andranno imparate ed affinate per poter arrivare ad essere padroni della lavorazione e della trasformazione della materia prima in cucina.

Ogni cottura o conservazione del cibo, anche nel caso in cui la materia prima sia la stessa (es. Pesce al vapore o pesce essiccato), provoca reazioni chimiche nel nostro corpo differenti.

Lavorare e "giocare" con l'energia dei cibi e del proprio corpo non solo è affascinante, ma estremamente utile e risulterà a lungo tempo essenzialmente benefico.

Potrete, a questo scopo, consultare la tabella che troverete in fondo al libro, ogni volta che avrete delle domande su una materia prima che volete utilizzare in una ricetta, imparando su quella materia prima di come quanto possa aiutare o meno l'organismo in quel momento.

Le vostre pietanze seguiranno così il ciclo delle stagioni, l'armonia del vostro corpo, vi aiuteranno a prevenire e curare le malattie, ma soprattutto a mangiare sano e con gusto.

UTENSILI IN CUCINA

La stupenda cucina cinese, arte raffinatissima, non può non completarsi e dirsi di essere compiuta senza i suoi utensili. Cercate, se potete, di procurarveli, vi aiuteranno a preparare fantastici piatti direttamente a casa e ricreare un'atmosfera tutta orientale.

Cucinare è saper scegliere gli ingredienti, riconoscerli, metterli insieme e cuocerli. Per cuocerli, serve abilità e gli utensili accompagnano l'artista in cucina come la penna lo scrittore, il pennello il pittore, il violino il musicista. Gli strumenti devono essere puliti, riposti con cura, affilati, pronti.

Qui, di seguito, troverete alcuni simpatici esempi di strumenti che non mancano mai in una cucina tradizionale cinese, ma potrete sbizzarrirvi, se diventerete dei fanatici della cucina cinese, nel collezionarli, e quindi approfondire meglio la conoscenza e l'arte.

Tagliare le verdure, ad esempio, sembra qualcosa di banale, ma a seconda del taglio e a seconda di come si interagisce con la spartizione e ripartizione della materia prima di cui ci serviamo per cucinare, si va a compiere un atto più o meno intrusivo, più o meno sofisticato, che incide persino nel potenziale energetico del cibo. Non un caso che i cinesi spesso tagliano le verdure longitudinalmente e non per orizzontale. Questo serve a rispettare il flusso del qi della crescita di un vegetale che, solitamente e volentieri, cresce in verticale e non trasversalmente. Questo, e molti altri accorgimenti, avrete modo di scoprirli qui di seguito.

1. Piccola mannaia

Cinese: 切菜刀 qiēcài dāo

La piccola mannaia cinese ha una forma rettangolare. È molto pesante, con un manico in legno o in plastica, a volte invece interamente in acciaio. È stata pensata per rompere le ossa della carne animale, quindi è un utensile molto tagliente, adatto per il chop chop tipico orientale.

I cuochi cinesi lo utilizzano spesso ed è sempre presente nella loro cucina. Aiuta a disossare le carni, o a tagliare quasi come un battuto tutte le verdure, ma anche tritare finemente la cipolla e lo zenzero che non mancano quasi mai nelle ricette.

2. Tagliere

Cinese: 切菜板 qiēcàibǎn

Il tagliere è utile per proteggere le superfici di lavoro quando si taglia, e si opera sulla carne per disossarla o per quando si tritura la verdura per la cottura nello wok.

Ci sono vari tipi di tagliere, in legno, bamboo o di plastica. I migliori sono quelli in legno o plastica.

3. Wok

Cinese: 炒鍋 chǎoguō

Lo wok è l'utensile in assoluto più utilizzato e immancabile in una cucina tradizionale. Tutte le famiglie in Cina hanno uno wok.

È utilizzato per svariati tipi di cottura, fritto, saltato, stufato e bollito, brasato e al vapore.

Sono fatti di materiale antiaderente o in ferro.

4 Schiumarola cinese

Ciinese: 漏勺 lòusháo

La schiumarola cinese è utilizzata per raccogliere dall'acqua della pentola il cibo, o schiumarla e anche per il fritto.

È davvero utile per sollevare i pezzettini di carne o pesce fritti dall'olio bollente, o per scolare gli spaghetti, I ravioli, gli wonton dall'acqua.

Ce ne sono di varie misure, alcune hanno la testa rotonda e hanno una dimensione di circa 15cm di diametro, ma ne esistono di più piccoli o più grandi.

Sono fatti di acciaio, o di bamboo con il manico in metallo.

5. Mestolo

Cinese: 湯勺 tāngsháo

Il mestolo si utilizza per servire le zuppe dalla pentola alla ciotola.

Sono fatti di acciaio, alluminio, argento, legno, bamboo o anche di altri materiali.

6. Bacchette, lunghe e corte

Cinese: 長筷子 cháng kuàizi (筷子 kuàizi)

Le bacchette da cucina sono usate per pescare il pesce dallo wok o dalla pentola, quando l'acqua o l'olio sono molto bollenti e non sono di facile utilizzo, serve molta abilità.

Generalmente sono lunghe circa 30cm.

Quelle invece che si usano per mangiare sono molto più corte e sicuramente le conoscerete già. Vengono anche usate per mescolare, rompere le uova e agitare il fritto.

7. Vaporiera per il riso

Cinese: 電飯鍋 diànfànguō

La vaporiera per il riso è presente in ogni famiglia e in ogni casa in Cina e nel resto dell'Asia. Generalmente elettrica, si utilizza per cuocere il riso a vapore o altre cose, come le verdure. Molti cinesi hanno sempre del riso bianco a tavola, che viene consumato come noi consumiamo il pane, accompagnandolo alle altre pietanze.

Le vaporiere per il riso moderne hanno varie funzioni e possono davvero cuocere qualsiasi altra cosa, come la carne, preparare il porridge (zuppa di cereali), cuocere le uova, scaldare il latte.

Sono molto sicure e aiutano anche a mantenere in caldo il cibo per tutto il giorno.

8. Pentola a pressione

Cinese: 高壓鍋 gāoyāguō

La pentola a pressione è un utensile fondamentale. Alcune sono elettriche, altre vengono utlizzate con il fuoco sui fornelli. Vengono usate per cuocere il riso, il porridge, le zuppe, la verdura o la carne, per fare persino gli stufati.

Cuociono più velocemente di una normale pentola, e quindi aiutano a preservare tutte le qualità del cibo che con cotture lente andrebbero perdute, oltre ad essere ermeticamente chiuse, non consentendo, quindi, la fuoriuscita di troppo liquido prezioso dal cibo che potrebbe evaporare via.

Vanno sapute utilizzare, possono essere pericolose, quindi fate attenzione.

9. Cestino per il vapore

Cinese:蒸籠 zhēnglóng

Nella cucina cinese la cottura al vapore è molto presente, forse più del fritto che tutti conosciamo.

I cestini sono utilizzati per cuocere tutto, ravioli, baozi, pesce, frittate, carne, verdure.

Sono indicate per cuocere anche più piatti allo stesso tempo, grazie al sistema a piani, ovvero alla possibilità che si ha di mettere un cestino sopra l'altro, come una torre, sopra la pentola dove bolle l'acqua e dalla quale sale il vapore.

Sono di varie misure e generalmente sono fatte in bamboo, talvolta di metallo.

Sono facilissime da usare e da pulire.

RAVIOLI CINESI

O DUMPLING

I ravioli cinesi possono essere preparati al vapore o alla piastra. I ravioli cinesi al vapore sono sicuramente preferibili a quelli alla piastra, mantengono le sostanze nutritive senza alterarne il potenziale energetico che, nel caso della cottura alla piastra, e quindi l'eccesso di calore e la loro leggera disidratazione, aumentano lo yang e il fuoco del meridiano del cuore.

Entrambi sono comunque squisiti, e possono essere accompagnati da varie salse, come quella di soia, quella piccante o quella agrodolce.

È un piatto tipico e quotidiano della cucina cinese, presente in tutto il Paese.

Ingredienti:

<u>Per la pasta dei ravioli:</u>

500 gr di farina

270 ml di acqua non fredda

<u>Per il ripieno:</u>

450 gr di carne di maiale macinata

250 gr di gamberetti piccoli

1 cucchiaio di zenzero, meglio se grattugiato o tagliato sottilmente con il coltello, tipo battuto

450 gr di cavolo

4 porri tritati tipo battuto

2 cucchiai di olio di sesamo

2 cucchiai di salsa di soia

2 cucchiai di vino di riso

1 cucchiaino di sale

1 pizzico di pepe bianco

Preparazione:

<u>1) Per preparare l'impasto :</u>

Versare la farina in un recipiente e lentamente aggiungere l'acqua, fino a mescolare molto bene i due ingredienti.

Con le mani asciutte (potrete aiutarvi spolverandole con un po' di farina), cominciate ad impastare energicamente fino a che non avrete fatto una palla, la quale, se ben asciutta e quindi lavorata alla perfezione, dovrebbe facilmente staccarsi dal recipiente senza lasciare residui sulla superficie del contenitore.

Posizionate la palla su un tavolo da lavoro e continuate ad impastare fino a che la superficie non diventi ben liscia, potrete aiutarvi con un mattarello. Riformate la palla.

Riposizionate la palla nel recipiente.

Copritelo con un panno umido e lasciate

riposare l'impasto per due ore.

Dopo due ore, troverete che l'impasto si sarà un po' rilassato.

Ripetete lo stesso lavoro di prima, ovvero rispolverate con un po' di farina affinché l'impasto non si attacchi, posizionate la palla sul tavolo da lavoro e rimpastate per 5 minuti, tanto da renderlo nuovamente elastico, sodo e asciutto, ma non secco.

A questo punto riposizionate nuovamente la palla nella ciotola, copritela e aspettate una mezz'ora.

Mentre attendete che l'impasto riposi una seconda volta, preparate il ripieno.

2) Il ripieno dei ravioli:

Prendete una padella antiaderente, capiente e larga quanto basta, lasciate soffriggere leggermente lo zenzero con la salsa di soia, il vino di riso, il sale il pepe e versate il macinato di carne.

Vedrete, a mano a mano, gli ingredienti che tenderanno ad aderire l'uno all'altro a causa del vino di riso e la salsa di soia, aiutatevi con un mestolo e lavorate un po' questa specie di ragù che dovrà anch'esso risultare alla fine come una pasta. Alla fine dovrà risultare proprio come un pasticcio, ben compatto.

Versate il tutto in un contenitore e posizionate il ripieno in frigo, lasciandolo riposare e marinare bene.

Tagliate il cavolo finemente, con un coltello sottile e ben affilato, e versateci sopra 2 pizzichi di sale, mescolate bene.

Il cavolo andrà aggiunto alla carne di maiale, in seguito, con i porri tagliati finemente anch'essi con coltello ben affilato, e l'olio di sesamo. Il tutto sarà il vostro ripieno completo per I ravioli.

3) Preparate la pasta dei ravioli

Tirate fuori dal recipiente la pasta, che dovrà essere una palla ben asciutta.

Prelevate dalla palla un pezzettino dell'impasto e rimettete il resto nel recipiente che state utilizzando, ricordandovi di ricoprirlo con il solito panno umido.

Con il pezzo di pasta fate un cilindro.

Con un coltello, tagliate il cilindro in dodici piccoli pezzettini più piccoli, come fossero palline.

Ad una ad una, le palline di impasto le dovrete schiacciare delicatamente, formando dei dischetti rotondi e perfetti il più possibile, che dovranno risultare anche molto fini, 1mm circa, e lunghi meno di un dito, circa 5cm o poco più, quindi potrete aiutarvi con un mattarello di nuovo.

Cercate di preparare tutti i dischetti senza che la pasta si asciughi troppo

<u>4) Riempire i ravioli</u>

Prendete con un cucchiaio una porzioncina del ripieno e posizionatela al centro del dischetto.

Mantenete il dischetto con una mano, e con l'altra mano cominciate a chiuderne i bordi che, se risultano asciutti, potrete umidificare con un po' di acqua affinché si sigillino bene.

5) Cuocere I ravioli

Come sopra, abbiamo spiegato che i ravioli si possono sia preparare al vapore che alla piastra.

Per la cottura al vapore, munitevi di cestino per il vapore, preferibilmente quello in bamboo che potrete acquistare in qualsiasi negozio di casalinghi, o emporio etnico, oppure su internet.

In una pentola, portate l'acqua ad ebollizione e posizionatevi sopra la cesta nella quale avrete disposto i ravioli, senza che essi si tocchino durante la cottura. Coprite.

I ravioli al vapore hanno una cottura di max 10'.

Per la piastra, qualsiasi piastra in ghisa o simile andrà benissimo.

Anche quelli alla piastra si cuociono velocemente, sempre 10'.

6) <u>Condimento dei ravioli:</u>

a) servire con salsa di soia e ginger tritato.

b) servire con salsa di soia e aceto di riso.

c) servire con salsa piccante, la cui preparazione è assai semplice:

fate cuocere i peperoncini sminuzzati (dopo averli lavati e asciugati bene) in un pentolino, con un cucchiaio di zucchero, aceto di vino, fino a che tutto il liquido non evapori, lasciando che il compost diventi un po' gelatinoso (ogni 250gr di peperoncini, 1 cucchiaio di zucchero e un bicchiere di aceto di vino).

I ravioli possono essere anche tranquillamente congelati dopo la loro preparazione e quindi consumati in qualsiasi momento. Se cotti al vapore, non hanno bisogno di essere scongelati, ma possono essere posizionati nel cestello direttamente dal freezer ed essere cotti, sempre in 10'.

BAOZI

Il baozi è un tipo di raviolo molto comune e si trova spesso come cibo da strada, o street food che dir si voglia.

Estremamente gustoso e nutriente, baozi significa sostanzialmente pacchetto; sì, perché è come se fosse un sacchettino di pane con del cibo dentro, pronto da portarsi in giro ed essere consumato con un buon bicchiere di tè in ogni momento della giornata.

Ricordano i ravioli cinesi, ma sono più soffici e leggermente più grandi e ricchi di ripieno.

Possono contenere carne di maiale, o funghi e verdure, ma anche gamberetti o impasti di soia con lo zucchero, da mangiare come dessert.

Ingredienti:

<u>1) Per l'impasto</u>

Latte intero 250 ml

Farina 0 1/2Kg

Olio di semi di girasole 2 cucchiai

Bicarbonato 3 cucchiaini

Sale fino 3 cucchiaini

2) Per Il Ripieno

Maiale macinato 400 g

Verza 50 g

Cipollotto fresco 2

Zenzero fresco 30 g

Salsa di soia 2 cucchiai

Aceto di riso 1 cucchiaino

<u>preparare il ripieno:</u>

tagliate il cipollotto, sempre per verticale, ricordate, perché così si mantiene vivo lo yang del vegetale e tritatelo con il coltello finemente, non tralasciate nessuna parte di esso, in Cina si mangia tutto!

Sminuzzate il cavolo verza, mettete la carne macinata in una ciotola e aggiungete lo zenzero fresco grattugiato, il cipollotto e la verza.

Mescolate bene il tutto, anche con le mani.

Aggiungete all'impasto la salsa di soia e l'aceto di riso.

Coprite il tutto con una pellicola e riponete in frigorifero.

preparazione dell'impasto:

versate la farina, il sale, il bicarbonato in un recipiente, e impastate aggiungendo l'olio di semi a filo e il latte a poco a poco.

Come con i ravioli, lavorate l'impasto fino ad ottenere una palla che non si attacchi e non aderisca al recipiente, ma che si stacchi facilmente per poi essere trasferita sul tavolo di lavoro.

Posate il tutto in frigo per mezz'ora.

Prelevate l'impasto dopo aver atteso e dividetelo in otto palle.

Fatene dei dischetti, di circa 10cm di diametro, alti mezzo centimetro.

Come con i ravioli, prendete un cucchiaio e cominciate a posizionare il ripieno su ciascun dischetto, che prenderete ad uno ad uno con una mano, mentre con l'altra lo chiudete in cima, come fosse un sacchettino.

Portate ad ebollizione l'acqua in una pentola e posizionate il vostro cestello del vapore.

Adagiate i baozi nel cestello, che non si tocchino fra di loro.

Cuocete per circa 20'-25'.

Anche i baozi, come i ravioli, possono essere preparati e poi congelati. Per consumarli, sarà necessario estrarli dal freezer e procedere con la cottura come sopra.

ZUPPA BIANCA DI CEREALI

Si tratta di una ricetta semplicissima e molto povera, ma essenziale, nutriente, che rispetta l'organismo e tonifica il Qi, purificando il calore.

Ricorda il porridge, e per prepararla può essere utilizzata la vaporiera per il riso o la pentola a pressione.

Risulta dolce, piacevole, adatta anche a riequilibrare lo stomaco, consente alla milza di ritrovare la sua armonia. Quindi indicate in caso di disturbi intestinali, soprattutto causati da vuoto di milza, previene le patologie cardiache e tratta l'inappetenza. Ottima come ricostituente.

Ingredienti:

Riso 250gr

frumento o mais 150gr

fiocchi di grano 100gr

Preparazione:

Riempite una pentola di acqua e portate ad ebollizione. Versate il riso insieme al frumento e ai fiocchi, lasciate cuocere a lungo, fino a che non diventino una pappa. Ideale da servire anche come accompagnamento, con carni e verdure, da sola è indicata in caso di ricovero come ricostituente.

WONTON ZUPPA

La zuppa di wonton, è una zuppa molto conosciuta, alla quale vengono aggiunti I ravioli ripieni che avete imparato a preparare nella prima ricetta, ma con delle piccolo varianti.

Vengono infatti utilizzati ingredienti come il mirin, che è un tipo di sake, ovvero il vino di riso, che aiuta la digestione e calma lo shen.

È una zuppa leggera, digeribilissima, molto frequente sulla tavola dei cinesi e che può essere consumata a qualsiasi ora del giorno.

Ricordate che ogni zuppa brodosa, è sempre un toccasana per la salute. Il brodo, ricco di elementi essenziali, tonifica il qi, disperde il calore in eccesso, umidifica, tonifica la milza e I reni. Meglio se non si eccede con il peperoncino, resta un piatto adatto a qualsiasi età e in moltissime circostanze.

Ingredienti:

Ingredienti per l'impasto:

Acqua q.b.

Farina 100 g

Sale un cucchiaino

Per Il Ripieno:

Verza 150 g

Zenzero un pezzetto

Salsa di soia 1 cucchiaio

Olio extravergine d'oliva q.b.

Per Il Brodo:

Brodo vegetale 1 lt

Zenzero 1 pezzetto

Zucchero 1 cucchiaio

Salsa di soia 2 cucchiai

Olio di semi 1 cucchiaio

Mirin 1 cucchiaio

Alga Wakame a striscioline 2 cucchiai

Preparare la zuppa di wonton:

Impastate la farina con il sale e l'acqua, lavorate bene.

Gli ingredienti dovranno essere ben amalgamati e l'impasto risultare elastico e non appiccicoso.

Coprite l'impasto con un panno umido e lasciatelo riposare in frigo almeno per una mezz'ora.

Preparate il ripieno:

Tagliate il cavolo in modo sottile, con un coltello ben affilato.

Tagliate lo zenzero a fettine sottilissime, fatelo soffriggere in una padella con l'olio. Aggiungete il cavolo e fate saltare il tutto per qualche minuto. Aggiungete l'acqua, circa tre bicchieri e coprite.

Cuocete per 15' fino a quando il cavolo sarà morbido e l'acqua evaporata. Lasciate intiepidire.

Prendete l'impasto e dividetelo in 12 palline. Tirate ogni pallina, aiutandovi con il matterello fino a quando l'impasto non sarà molto fine. Come con i ravioli, fate dei dischetti e cominciate, aiutandovi con un cucchiaio, a posizionare il ripieno in ciascuno di essi. Chiudete i dischetti ad uno ad uno, e poi fate anche una seconda piega.

Per preparare il brodo, fate riscaldare in una pentola un filo d'olio.

Aggiungete all'olio lo zenzero e lasciatelo soffriggere per un minutino.

Aggiungete lo zucchero, il mirin e la soia, e poi, lasciate cuocere il tutto per un altro minutino a fuoco lento;

Quando il tutto sarà dorato, aggiungete il brodo.

A parte, portate ad ebollizione dell'acqua in una pentola e poi versateci gli wonton.

Quando saranno cotti, scolateli e portateli nel brodo.

Alla fine, aggiungerete l'alga wakame e continuerete la cottura per un altro minutino. Servite caldo.

ZUPPA BIANCA DI RISO CON VERDURA

È un'altra zuppa che appartiene alla tradizione casalinga, e quindi della cucina povera.

Armonizza il qi, tonifica il sangue e cura la stipsi. Calma il mal di pancia.

Ingredienti:

Spinaci 250gr

Carote 150gr

Cavolo bianco 300gr

Riso quattro pugni

<u>Preparazione:</u>

Tagliate le verdure in modo fine e sottile, gli spinaci per lungo, le carote per lungo, così come il cavolo, a striscioline.

Prendete una pentola e versate sopra le

verdure dell'acqua fino a coprirle.

A fuoco lento, portate il tutto ad ebollizione.

A parte, fate bollire dell'acqua e cuocete il riso.

Quando le verdure saranno pronte non scolatele, ma aggiungete il riso cotto.

BRODO CON LITCHI

Una ricetta molto elegante, che può fare da accompagnamento in cene più speciali ed importanti.

La coltivazione del litchi, tipica della Cina meridionale, è databile già dal 1000 d.C. , ma molti pensano che sia molto più antica, facendola risalire a più di duemila anni fa.

Si tratta di alberi selvatici, il cui frutto è delicatissimo e molto succoso; utilizzato spesso a corte, è considerato un frutto imperiale. Si dice che dal sud della Cina si facessero arrivare cavalli che trasportavano litchi dal Guangdong, espressamente per l'Imperatore.

Gli annali riportano che molti furono gli Imperatori ad amare questo frutto e ad offrirlo spesso alle loro concubine.

Sono come delle piccolo prugne, morbide e

umide all'interno, raccolte in un buccia ruvida. Hanno un profumo di fiori e sono molto dissetanti.

Questa ricetta resta comunque di preparazione semplice ed è un'ottima medicina. Tonifica il fegato e il rene, rinforza la vista. Aiuta in caso di lombalgia e dolore alle ginocchia.

Si accompagna bene alle carni, soprattutto all'anatra.

Ingredienti:

litchi freschi e sbucciati 60 gr

riso 120gr

acqua 500ml

Preparazione:

Riempite una pentola di acqua, diciamo 500ml ogni 60 gr di litchi che utilizzerete. Portate ad ebollizione e lasciate cuocere la frutta per 20'.

Lasciate riposare per una mezz'ora.

A parte cuocete il riso (se avete una vaporiera, potrete utilizzare quella), e aggiungetelo nelle ciotole con cui servirete il brodo.

SPAGHETTI DI RISO CON CARNE E VERDURE

Un piatto ricco e saporito, veloce, nutriente e ricco di energia.

Di facile preparazione, è ottimo da gustare a pranzo.

Ingredienti:

Spaghetti di riso 200 g

Fettine di manzo 300 g

Funghi (cinesi o champignon) 150 g

Zucchine 350 g

Carote 300 g

Germogli di soia 100 g

Salsa di soia 2 cucchiai

Zenzero un pezzetto

Peperoncino 1

Cipollotto fresco 1

Olio di semi di girasole 4 cucchiai

Brodo vegetale 500 ml

Uno wok per la preparazione delle verdure

Come preparare gli spaghetti di riso con carne e verdure:

Tagliate tutte le verdure con un coltello ben affilato in striscioline sottili sottili.

Anche lo zenzero, dovrà essere finemente tritato con il coltello, così come il cipollotto, tagliatelo finemente dopo averlo accuratamente lavato.

Tagliate le zucchine, le carote, i funghi, tutti longitudinalmente.

Versate l'olio di semi nello wok e fatelo scaldare, senza che bruci.

Aggiungete il peperoncino, lo zenzero e il cipollotto, e fate soffriggere a fuoco lento.

Aggiungete le zucchine, le carote e cominciate a saltare le verdure. Unite i funghi alla fine.

Cominciate ad aggiungere, aiutandovi con un mestolo, un poco di brodo, a mano a mano che questo evapora a fiamma ben animata, continuate ad aggiungere cucchiai di brodo.

Le verdure dovranno assorbirlo tutto, dovranno risultare ben cotte, non inzuppate, ma nemmeno inaridite.

Aggiungete la salsa di soia alla fine o il sale se preferite.

Quando le verdure saranno ben croccanti, sarà il momento di unirvi la carne che avrete tagliato finemente sempre in modo longitudinale, come fossero straccetti.

Quando la carne sarà cotta, togliete il wok dal fuoco.

A parte, in una pentola piena di acqua che porterete ad ebollizione, cuocete gli spaghetti. (sono di rapida cottura gli spaghetti cinesi, controllate sulla confezione)

Scolateli e raffreddateli subito sotto l'acqua fredda.

Riposizionate il wok sul fuoco, accendete la fiamma e tenetela alta, gettatevi gli spaghetti velocemente e saltate con energia per meno di un minuto.

Servite caldi.

ZUPPA DI LAMIAN CON BOK CHOY

La zuppa di lamian con bok choy è un piatto estremamente gustoso e molto salutare.

Il bok choy è fresco, tonifica e rinfresca la milza, purifica il fuoco di fegato. Il lamian è una specie di spaghetti tirati a mano, molto delicati e gustosi, generalmente di grano o riso.

Ingredienti:

Bok choy 350gr

Aglio 1 spicchio

Lamian 200 gr

Brodo q.b. (1lt)

Preparazione:

Si comincia tagliando longitudinalmente il bok choy, verdura cinese molto fresca, simile alla bietola ma molto più ricca d'acqua.

Il bok choy può essere cotto al vapore o stufato nel wok con un poco di olio e uno spicchio di aglio.

Si cuoce velocemente e non va né lessato né seccato. È buono così com'è, croccante e leggermente caldo.

Quindi , come detto, potete prima passarlo ad una prima cottura al vapore, poi, con un poco di olio o con dell'acqua, fatto saltare e cuocere nel wok con lo spicchio di aglio, per insaporirlo.

A questo punto aggiungete il brodo e gli spaghetti e, a fiamma alta, saltate il tutto, lasciando evaporare un po' il brodo fino alla cottura del lamian, per i quali servono pochi minuti. (controllate la confezione).

UDON CON VERDURE

L'udon è uno spaghetto più spesso, erto, asciutto e consistente rispetto al lamian.

Qui lo prepariamo con pollo e verdure.

Ingredienti:

Udon 300gr

Pollo 150 gr

Carote 100 gr

Cavolo 100gr

Cipollotti 2

Zenzero un pezzetto

Sale

Salsa soia

Olio q.b.

Brodo q.b.

Preparazione:

Tagliate finemente tutte le verdure e poi tagliate a cubetti il pollo.

Prendete il wok e fate scaldare l'olio con i cipollotti precedentemente tritati e lo zenzero.

Quando raggiungeranno la doratura, unitevi gli udon.

Passate leggermente al vapore il pollo e le verdure.

Continuate a saltare gli udon e aggiungete un mestolo di brodo, unite il pollo e le verdure che avrete passato al vapore.

Continuate a saltare il tutto, e aggiungete brodo per ultimare la cottura.

Potrete servirli come zuppa, oppure se utilizzate il brodo solo per tirarli, come piatto più asciutto.

POLLO KUNG PAO

Il pollo Kung Pao è una ricetta classica della cucina cinese. Si prepara con le arachidi, le verdure, ed è estremamente gustosa; è un piatto caldo, muove il qi ed non è indicato se si soffre di eccesso di calore. Resta comunque molto nutriente, emolliente, umidifica il polmone e l'intestino.

Ingredienti:

Pollo petto 300 gr

Peperoni 200 gr

Aceto di Riso 4 cucchiai

Arachidi 40 g

Olio di Arachidi 6 cucchiai

Maizena 2 cucchiaini

Vino di riso 100 ml

Zenzero un pezzetto

Aglio 5 spicchi

Scalogno 2

Peperoncini 3

Bambù germogli 100 gr

Salsa di Soia 4 cucchiai

Zucchero 2 cucchiaini

Pepe di Sichuan 1 cucchiaio

Cipollotti 1

Preparazione:

Tagliate il pollo a cubetti, unite il sale, metà della maizena sciolta in un poco di acqua e nel vino di riso.

Sbucciate l'aglio, lo scalogno e lo zenzero, poi tagliate tutto finemente, con un buon coltello (o la mannaia cinese se l'avete procurata).

Tagliate il peperoncino grossolanamente.

Lavate e mondate i peperoni, procedete longitudinalmente al taglio, in fettine molto sottili.

Tagliate bene i germogli di bamboo in piccolissimi dadini.

Preparate una salsa mescolando la soia con il sale, lo zucchero, l'aceto e 1 cucchiaino di maizena sciolto in pochissima acqua.

Prendete il wok, mettetelo sul fuoco con un poco di olio. Unite le arachidi e fatele dorare con un fuoco vivace.

Levate dall'olio le arachidi con una schiumarola e conservatele da una parte.

Versate adesso il peperoncino e i grani di pepe di Sichuan nell'olio, fateli friggere per qualche secondo appena appena, e poi levate anche questi con la schiumarola e metteteli da parte.

Prendete la carne di pollo e fatela friggere a

fiamma moderata.

Unite l'aglio, lo zenzero, lo scalogno, i germogli di bambù e i peperoni.

Fate cuocere a fiamma viva per circa 4 minuti, facendo unire e conoscere tra loro tutti gli ingredienti.

Unite al composto la salsa che avevate preparato e continuate a cuocere per qualche minuto, fino a che sarà tutto molto denso.

Spolverate il piatto con le arachidi e con il cipollotto tagliato a piccoli anelli e servite subito caldo.

MANZO CINESE IN ZUPPA E MANGIATUTTO

Qui un'altra zuppa degna di nota. I fagioli mangiatutto sono ricchi di jing, sono rinfrescanti, tonificano la milza, aiutano a purificare il calore di fegato. In zuppa con il manzo, risultano ottimi per muovere il qi e tonificare la milza.

Ingredienti:

lombata di manzo disossata 600 g

salsa di soia 4 cucchiai

amido di mais o fecola 3 cucchiai

zucchero 1 cucchiaio

zenzero fresco un pezzetto

cipolle 3

peperoni verdi 4

aglio   3 spicchi

taccole o piselli mangiatutto 300gr

4 cucchiai   olio di semi, o d'oliva

sale q.b.

Preparazione:

Tagliate la carne a fettine ed unire la salsa di soia, la fecola di mais, lo zucchero e lo di zenzero tagliato sottile sottile.

Lasciar marinare il tutto in frigo per almeno un'ora.

Tritate grossolanamente la cipolla, il peperone sempre longitudinalmente, affettate o battete l'aglio con la mannaia, in modo da triturarlo bene. Tagliate le taccole trasversalmente.

Scaldate l'olio nel wok a fiamma moderata.

Fate rosolare l'aglio, la cipolla e il peperone, fino alla loro indoratura.

Aggiungete ancora un po' di olio e scaldate a

fiamma viva.

Unire il sale e poi le taccole.

Continuate a mescolare di continuo per alcuni minuti fino alla leggera cottura.

Posizionare le taccole su un piatto, insieme alle altre verdure appena cotte.

Sempre nel wok, aggiungete il resto d'olio e la carne marinata che tirerete fuori dal frigo.

Non buttate via la salsa della marinatura. Vi servirà in seguito.

Continuate a cuocere a fiamma moderata per qualche minute e quando la carne sarà quasi cotta, aggiungete le verdure e il resto dello zenzero tritato.

Saltate un altro minuto e impiattate.

MANZO CON BAMBÙ E FUNGHI

Un ricetta tipica. In cinese manzo bamboo e funghi si dice "due cose per l'inverno".

Il bamboo cresce infatti anche d'inverno, è una pianta estremamente forte, tonifica il qi, rinfresca, ma anche purifica il calore, tonifica yin e sangue. I funghi sono salutari per il qi di fegato e il manzo aiuta la milza.

Ingredienti:

Manzo (girello) 400 gr

Bambù fresco 150 gr

Funghi cinesi 150

Soia due cucchiai

Vino cinese mezzo bicchiere

Bicarbonato 1 cucchiaio

Fecola di patate 1 cucchiaio

Olio di semi abbondante

Sale q.b.

Acqua

Preparazione:

Cominciate con il marinare la carne, precedentemente tagliata a pezzetti piccoli, mettendola in un recipiente con soia, sale, bicarbonato, e con le mani massaggiate il composto, eventualmente aggiungendo un po' di acqua se dovesse risultare troppo asciutto.

Aggiungete al composto la fecola, che è utile ad ammorbidire la carne e un pochino di olio.

Lasciate marinare.

Tagliate adesso I funghi, longitudinalmente a fettine sottili.

Tagliate longitudinalmente il bamboo, sottile.

Scaldate l'olio nel wok, unite all'olio la carne e il bamboo. Lasciate friggere il tutto a fiamma moderata per qualche minuto.

Schiumate il tutto, aiutandovi con la schiumarola e spostate il tutto in un recipiente.

Riprendete il wok, che avrete svuotato dell'olio, mettete la soia, l'acqua e un po' di vino cinese. Lasciate scaldare e unite I funghi.

Quando il tutto ha raggiunto l'ebollizione, unite la carne e il bamboo che avevate precedentemente cotto nell'olio. Alla fine, aggiungete un pochino di fecola. Mescolate bene a fiamma moderata. Lasciate cuocere ancora per qualche minuto. Impiattate.

UOVA SALTATE

Ottimo per colazione, questo piatto, di una semplicità disarmante, unisce alcuni ingredienti come l'aceto di riso e lo zucchero, che rende davvero cinese quelle che potrebbero sembrare delle semplici uova strapazzate.

L'uovo è molto yang e l'aceto con l'aggiunta di zucchero, spezzano questo eccesso, rendendo l'alimento più armonioso ed equilibrato.

Ingredienti:

Pomodori 2

Aceto di vino di riso 2 cucchiai

Acqua 1 bicchiere

Sale due pizzichi

Fecola di patate un cucchiaio

Erba cipollina 40gr

Uova 2

Preparazione:

Tagliate il pomodoro a cubetti,

Sbattete l'uovo, fino a montarlo. Aggiungete un cucchiaino di aceto di vino di riso, che aiuta l'uovo a profumarlo e renderlo più dolce e fresco. Unite il sale.

Accendete il fuoco e in una padella con poco olio, lasciate che il fuoco proceda lento.

Mettete l'uovo sbattuto nella padella e procedete come fossero uova strapazzate, disunite l'impasto. Alzate un po' il fuoco e aggiungete il pomodoro.

Dopo aver saltato con il pomodoro, aggiungete un bicchiere di acqua. Lasciate evaporare e aggiungete lo zucchero, per tirare fuori il sapore del pomodoro.

Unite la fecola di patate, che aiuta ad amalgamare il tutto.

Spolverate con l'erba cipollina.

GAMBERI ALLA PIASTRA CON CIPOLLOTTI

I piatti alla piastra servono a mantenere caldo il cibo che viene servito a tavola. In realtà, il cibo viene prima fritto e poi passato velocemente in un abile passaggio, con del vapore. Il gambero è tiepido, dolce/salato, agisce sul polmone, lo stomaco, la milza, il rene, il cuore, il fegato. Tonifica il rene.

Così cotto, aumenta il suo potenziale yang, ma il cipollotto anche lo rinfresca. Certamente più caldo, a causa del passaggio fritto e poi la disposizione sulla piastra, muove il qi, stimola il metabolismo. I crostacei, in generale, sarebbero da evitare in caso di patologie da fegato o eccesso di calore.

Resta comunque un piatto estremamente gustoso per tutti.

Ingredienti:

Cipollotti

Gamberi 1kg

Fecola

Acqua

Olio

Vino cinese

Sale

Pepe Bianco

Olio

Preparazione:

Pulite e sgusciate i gamberi e tagliate i cipollotti della grandezza del gambero, tutto deve essere proporzionato.

Prendete la mannaia e tagliate i gamberi a

metà, finendoli di pulire dal resto delle interiora.

Sciacquateli.

Mettete i gamberi in un recipiente, con sale, pepe bianco e fecola di patate. Aggiungete acqua se troppo asciutto. Il composto deve risultare corposo e restare leggermente umido.

Lasciate marinare.

Prendete la piastra, facendo attenzione e posizionatela sul fornello.

Prendete il wok dove andrete a scaldare l'olio.

Unite all'olio i gamberi. Friggete a fuoco moderato.

Quando saranno dorati, unite I cipollotti.

Continuate a cuocere per un paio di minuti e poi scolate via il tutto.

Riprendete il wok, mettete un po' di acqua e sale e unite di nuovo i gamberi con i cipollotti precedentemente fritti. Quando tutto sta bollendo a fiamma alta, unite vino cinese e un po' di fecola. Lasciate sfumare.

Prendete la piastra calda, sfumate con l'acqua che evaporerà immediatamente e impiattate.

Servite a tavola e attenti a non bruciarvi! La piastra scotta!

MAIALE IN AGRODOLCE

Il maiale in agrodolce è una ricetta tradizionale cinese a base di carne di maiale pastellata e con peperoni, ananas e salsa agrodolce.

La ricetta ha origini nella regione meridionale, del Guangdong.

Secondo la ricetta originale del maiale in agrodolce, lo scopo era quello di bilanciare bene i sapori, in modo da ottenere un equilibrio tra l'agro e il dolce.

Il maiale marinato, che di natura ha sapore salato e neutro, ben si bilancia dunque con il dolce dello zucchero e l'aspro dell'aceto.

La pietanza, che contiene I cinque sapori e I cinque colori uniti nel piatto, è considerato per i cinesi un piatto completo e nobile.

Abbiamo, a questo proposito, tenuto in questo ricettario proprio il maiale in agrodolce in fondo, come ultima proposta.

Il dulcis in fundo che suggella questo simpatico percorso tra oriente, dieta e benessere.

Il maiale oltretutto è la carne familiare per eccellenza. Non un caso che in cinese "casa" si scriva con gli ideogrammi di "tetto" sopra il "maiale"

Animale domestico dal quale tutto si ottiene e di cui nulla si butta via, la sua carne è quasi sempre presente nella cucina cinese e ha grandi proprietà benefiche.

Tonifica il rene, muove il qi, riscalda, nutre; ottima per l'inverno, tonifica lo yang.

La salsa agrodolce in cinese, invece, viene proprio chiamata "salsa del popolo" ed estremamente comune, è la salsa che sulla tavola non manca mai, tanto che ne esistono ormai versioni confezionate molto commercializzate, ed è presente nelle case come da noi lo è il caffè per il mattino.

Si dice che durante la rivoluzione culturale di Mao, il partito comunista cinese distribuisse salsa agrodolce per propagandare il simbolo nazionalista cinese, rosso, come proprio come la salsa e simbolo degli ingredienti dei campi lavorati dai contadini più poveri.

Ingredienti:

spezzatino di maiale 450 gr

peperoni 2

cipolla 1

ananas 2 fette

olio di semi d'arachide q.b.

per la pastella:

acqua 120 ml

farina tipo 00 4 cucchiai

maizena (amido di mais) 2 cucchiai

bicarbonato di sodio 1 cucchiaino

uova 1

olio di semi d'arachide 1 cucchiaio

sale marino q.b.

per la marinatura:

vino di riso 1 cucchiaio

salsa di soia 1 cucchiaio

maizena (amido di mais) 1 cucchiaio

per la salsa agrodolce

vino di riso 1 cucchiaio

ketchup 1 cucchiaio

zucchero 1 cucchiaio

maizena (amido di mais) 1 cucchiaio

succo di ananas 1 cucchiaio

acqua 2 cucchiai

salsa d'ostriche 1 cucchiaio (facoltativo)

Preparazione:

Tagliate a cubetti la carne di maiale, mettendola poi a marinare con un cucchiaio di salsa di soia, vino di riso e amido di mais. Tagliate i peperoni prima longitudinalmente.

Iniziate a preparare la pastella unendo farina, amido e bicarbonato, incorporando poi man mano l'acqua ed aggiungendo infine l'uovo.

Mescolate la pastella con un frustino, fino ad ottenere un composto completamente liscio. Preparate la salsa agrodolce unendo tutti gli ingredienti in una ciotola e mescolando fino ad amalgamarli.

Trasferite la carne marinata all'interno della pastella.

Versate l'olio di semi in uno wok, aggiungete la carne pastellata e lasciate cuocere a fuoco alto per circa tre minuti.

Mettete ad asciugare il maiale cotto su carta assorbente e cuocete i peperoni a parte per qualche minuto.

Unite la carne di maiale e la salsa agrodolce e lasciate cuocere per un minuto fino a caramellare il tutto.

Servite il maiale in agrodolce con riso bianco.

www.ingramcontent.com/pod-product-compliance
Lightning Source LLC
Chambersburg PA
CBHW072208100526
44589CB00015B/2425